ONTROUW OVERWINNEN

Zelfvertrouwen en vertrouwen in je relatie terugwinnen na ontrouw

50MINUTES.com

ONTROUW OVERWINNEN

Zelfvertrouwen en vertrouwen in je relatie terugwinnen na ontrouw

geschreven door Sophie Mévisse
vertaald door Nikki Claes

50MINUTES.com

ONTROUW OVERWINNEN

ZELFVERTROUWEN EN VERTROUWEN IN JE RELATIE TERUGWINNEN NA ONTROUW

- **Problematisch?** Ontrouw is een pijnlijke ervaring die het koppel sterk schokt. De bedrogene verliest het vertrouwen in zijn of haar partner en vaak ook in zichzelf. Het leed is soms zo intens dat het de hoop vernietigt om in een relatie te leven waarin trouw wordt gerespecteerd. Hoe kom je zo'n beproeving te boven?

- **Wat zijn de doelstellingen?** Het belangrijkste doel is de ervaring van ontrouw te boven te komen en referentiepunten te vinden die je kunnen helpen in dit pijnlijke proces. Het gaat erom een beter inzicht te krijgen in de oorzaken van de ontrouw van je partner en te leren hoe je de emoties die je overvallen wanneer je het verraad ontdekt, kunt beheersen, zodat je vervolgens kunt beginnen aan een proces om beslissingen te nemen over je relatie.

- **FAQ**

  - Is het mijn schuld dat mijn partner ontrouw was?

  - Moet ik mijn partner vragen mij meteen te vertellen over de omstandigheden van de ontrouw?

  - Heeft mijn partner geen seksueel verslavingsprobleem?

  - Wat kunnen ik en mijn ontrouwe partner concreet doen om onze relatie weer op te bouwen?

- Ik ben zo boos over de ontrouw van mijn partner dat ik toegang wil tot zijn of haar mobiele telefoon, e-mails en sociale netwerksites, is dit redelijk?

- Hoe weet ik of ik mijn partner moet verlaten of bij hem/haar moet blijven?

- Moeten we er met kinderen over praten, en hoe?

> *"Je vraagt je af waarom, wat heb ik verkeerd gedaan, wat heb ik gedaan om dit te verdienen, je vraagt je af wie die andere jongen was, of hij wist dat we een relatie hadden [...] Je moet weg, weglopen, je pijn koesteren, weg van de ander, het even niet horen."* (Erwan, 30)

Ontrouw overkomt niet altijd anderen… Het kan gebeuren zonder waarschuwing en zonder dat je weet hoe je ermee om moet gaan, hoe je het lijden en de ontreddering die het veroorzaakt te boven moet komen. In deze gids bespreken we de oorzaken van ontrouw, maar ook de concrete middelen die kunnen worden ingezet om zichzelf weer op te bouwen, en om het koppel een kans te geven (of niet).

> *"Van mijn 17e tot mijn 22e was ik met hetzelfde meisje, zij was mijn eerste liefde. [...] Ze zat in haar tweede jaar op de universiteit toen een van haar vrienden me vertelde dat ze niet eerlijk tegen me was, en dat ze met andere jongens omging. Ik kon haar niet geloven, mijn vriendin was een zelfingenomen, trouw, gevoelig meisje, of zo dacht ik. Ik confronteerde haar ermee, ze ontkende het [...]. Het ergste is dat ik geloofde*

Ontrouw is, wanneer het wordt ontdekt, altijd wreed zonder grenzen: het verpulvert de heilige plaats die de liefdesrelatie was, het vernietigt het vertrouwen en roept zeer pijnlijke vragen op. Samen zullen we proberen te begrijpen wat ontrouw werkelijk is, wat er helaas toe kan leiden dat een koppel het op een dag meemaakt, en vooral, hoe deze beproeving te boven te komen door het verloren vertrouwen te herstellen.

ONTROUW: EEN SUBJECTIEF BEGRIP

WAT BETEKENT HET OM ONTROUW TE ZIJN?

Afhankelijk van de persoon begint ontrouw met een overdreven geïnteresseerde glimlach, een laat gesprek met een collega, een overdreven interesse in een andere persoon, een kus, een avondje uit met een andere persoon, een pornografische video die men bekijkt, enz. De notie van ontrouw is daarom visceraal subjectief. Het kan voor dezelfde persoon zelfs variëren naargelang zijn/haar partners in de loop der tijd! Toch lijkt er een consensus te bestaan: voor de meeste mensen is ontrouw een schending van seksuele en liefdesexclusiviteit.

Om een goede start te maken, is het altijd nuttig om vanaf het begin van de relatie te communiceren over elkaars verwachtingen inzake trouw. Ook al lijkt het niet vanzelfsprekend, een dergelijke discussie maakt het in de eerste plaats mogelijk om de verwachtingen van ieder van hen op het gebied van trouw te verduidelijken, maar ook om te voorkomen dat de partner, als hij/zij oneerlijk is, kan zeggen "hij/zij wist het niet".

> *"Ontrouw is wanneer we de grenzen van onze partner niet respecteren wat betreft de gevoelens die we kunnen hebben, de fysieke handelingen of de woorden die we kunnen hebben met*

een ander. Ik heb het over grenzen die duidelijk zijn vastgesteld en aangehaald. (H., 35 jaar)

Ook moet worden opgemerkt dat romantische relaties principieel monogaam zijn, ze zijn impliciet exclusief. Hoewel dit voor de meeste mensen vanzelfsprekend is, is dit voor anderen niet noodzakelijk het geval, vandaar het belang om in een vroeg stadium de eigen verwachtingen van trouw onder ogen te zien.

"Voor mij is ontrouw een zeer gecompliceerd concept. Je moet er openlijk met je partner over kunnen praten, over jouw idee erover, over zijn/ haar idee erover, en een soort evenwicht vinden. Ik denk dat mijn idee van ontrouw zou variëren afhankelijk van mijn partner. (Lea, 25)

ZIJN WE ECHT GESCHIKT VOOR MONOGAMIE?

Het antwoord op deze vraag is enigszins verrassend! Het lijkt erop dat het niet in onze aard ligt om monogaam te zijn. Carl Zimmer (Amerikaans populair-wetenschappelijk schrijver, geboren in 1966) stelt dat slechts 9% van de zoogdieren monogaam is. Volgens Beverley Golden (Canadese schrijfster en gezondheids- en vitaliteitsconsulente) komt dit omdat monogamie niet natuurlijk voor ons is en trouw een echte, bewuste en permanente verbintenis met de partner is. Niet iedereen kan en wil zo hard werken aan deze "dwang" om trouw te zijn!

"Ik kan me niet herinneren dat ik ooit trouw ben geweest in een relatie. Ontrouw zijn betekent

Trouw wordt, zoals we eerder hebben gezien, gedefinieerd als seksuele en emotionele exclusiviteit met de partner; we zijn alleen verliefd op onze partner en hebben alleen seks met hem/haar. In theorie lijkt dit gemakkelijk, omdat we van onze partner houden, maar in werkelijkheid is het soms ingewikkelder, omdat trouw niet alleen te maken heeft met het gevoel van liefde: het gaat ook om verlangen, om fysieke aantrekkingskracht, en we komen in ons hele leven verleidingen tegen.

We moeten ook opmerken dat we in ons leven door fasen van twijfel gaan die ons van onze partner kunnen wegdrijven, omdat we ook niet noodzakelijkerwijs in dezelfde richting gaan als hij/zij. Als gevolg daarvan maken deze fasen ons kwetsbaarder voor verleiding.

onze relatie is al enkele maanden goed en gelukkig. Ik heb mijn partner nooit bedrogen, hoewel ik intussen wel een paar keer in de verleiding ben gekomen; anderzijds heb ik wel verliefdheden, (platonische) flirts en twee liefdesaffaires gehad. Ik beschouw dit niet als ontrouw, want ik heb met niemand geslapen of gekust, en ik heb vooral niets beloofd aan iemand anders dan mijn partner. Daarna flirtte ik soms en kleedde me om te verleiden.

Vijf jaar geleden ging ik door een fase waarin ik een open relatie wilde, maar hij wilde niet. Hij zei dat hij te jaloers was als ik andere mensen zag, maar hij wilde andere vrouwen zien. Hij vertelde me zelfs dat hij soms met andere vrouwen wilde slapen, gewoon om andere lichamen te leren kennen. En voor mij zijn het de verleidingsfasen die ik soms mis. Twee mensen willen zijn en trouw aan elkaar zijn is een verplichting, daar moet je aan werken, en ik begrijp dat je eraan toegeeft, want ik heb al twee of drie keer bijna toegegeven. (Claire, 33 jaar oud)

ZIJN ER VERSCHILLENDE SOORTEN ONTROUW?

Onderzoek in de psychologie en sociologie bestudeert al lang de kwestie van ontrouw. Uit dit alles blijkt vooral dat het begrip trouw moeilijk te vatten is. Deze complexiteit is vooral te wijten aan het nogal subjectieve karakter, zoals wij zojuist hebben opgemerkt, van het begrip trouw. Bovendien hebben onderzoekers altijd erkend dat de

studies vanuit methodologisch oogpunt enigszins verte-
kend kunnen zijn, omdat het relatief moeilijk is deelne-
mers te vinden die hun ontrouw volledig aanvaarden.

De combinatie van deze elementen verklaart waarom
de resultaten van onderzoek naar getrouwheid soms
tegenstrijdig zijn en vaak verre van eensluidend. Toch
lijken er verschillende categorieën van ontrouw te kunnen worden onderscheiden.

Seksuele ontrouw

Zoals de naam al zegt, heeft deze vorm van ontrouw
alleen betrekking op de seksuele dimensie. Het is het
klassieke geval van een partner die seksuele relaties
heeft met een ander of met prostituees. Deze vorm van
ontrouw is meestal het gevolg van een gebrek aan seksuele vervulling, een behoefte aan relaties met andere
mensen of aan het testen van bepaalde seksuele prak-
tijken die men als koppel niet per se durft te benaderen
uit angst voor de blik van de ander. Laten we niet vergeten dat mettertijd het verlangen tussen de partners kan
afnemen, wat soms zelfs kan leiden tot een volledige
stopzetting van de seksuele betrekkingen. Dergelijke
omstandigheden kunnen natuurlijk de verleiding ver-
groten om nieuwe seksuele sensaties te vinden buiten
het paar.

Emotionele ontrouw

Het heeft een meer platonische dimensie, er is geen
seksuele handeling. Emotionele ontrouw is wanneer je

gevoelens hebt voor iemand anders dan je partner. Verliefd worden op iemand is geen bewuste daad, het is vaak iets dat "in je schoot valt" zonder waarschuwing. Het is genoeg om je in de steek gelaten te voelen door je partner, om door een moeilijke fase in het leven van het paar te gaan en we zullen gevoeliger zijn voor een persoon die dichter bij ons komt, die ons biedt wat onze partner ons niet meer kan bieden, in termen van aandacht, nieuwigheid, enz.

Wereldwijde ontrouw

Het is een combinatie van de twee bovengenoemde vormen van ontrouw. Het is een "volledige" sentimentele relatie die buiten het koppel om wordt gevoerd. Met andere woorden, het is het klassieke geval van een dubbel liefdesleven. Deze vorm van ontrouw is meer dan de twee vorige symptomatisch voor een gebrek aan zelfvertrouwen, voor een emotionele leemte die moet worden opgevuld – of zelfs voor een zeer sterke emotionele afhankelijkheid (mensen die vreemdgaan hebben behoefte om geliefd te zijn en zich geliefd te voelen, zijn bang om alleen te zijn).

Online ontrouw

Deze laatste vorm van ontrouw is ontstaan met de democratisering en het wijdverbreide gebruik van internet sinds het begin van de jaren 2000. Met het internet heeft de pornografie een nieuwe dimensie gekregen (amateurvideo's, camgirls, chats en diverse X-rated chatrooms) en het fundamenteel anonieme karakter van het web heeft het mogelijk gemaakt de seksuele horizon vertrouwelijk te openen.

Deze ontrouw is iets subtieler dan de bovengenoemde en moeilijker te definiëren vanwege het "kunstmatige" karakter ervan door het scherm. Bij gebrek aan direct contact tussen mensen is het inderdaad seksueel zonder seksueel te zijn (er is geen fysiek contact, maar er kan wel sprake zijn van masturbatie via webcams tussen de partner en een derde persoon) en het is ook niet echt emotioneel (ook al kan men "online" verliefd worden op iemand zonder hem/haar in het echt te hebben ontmoet, door met hem/haar te praten in chats of op fora).

Het is ook vermeldenswaard dat mensen die seksueel afhankelijk zijn (zie Seksuele afhankelijkheid) eerder hun toevlucht nemen tot dit soort ontrouw, aangezien zij alleen een internetverbinding nodig hebben en de toegang onmiddellijk is, op elk moment van de dag of nacht, en op elke plaats.

AAN DE KANT VAN DE ONTROUWE, DE REDENEN VOOR HET BEDROG

Maar wat bevordert ontrouw binnen een stel? Hoe kunnen gelukkige stellen uiteindelijk vreemdgaan? Ook hier is het, zoals je je kan voorstellen, moeilijk elementen aan te wijzen die in alle gevallen geldig zijn, in absolute zin. Voorzichtigheid en nuancering zijn geboden, want elke situatie en elke persoon is uniek.

In haar artikel "How Likely Is Your Partner to Cheat?" bijvoorbeeld, behandelt Juliana Breines (doctor in de sociale en persoonlijke psychologie, geboren 1983) het geval van de macht. Zij haalt een studie uit 2011 aan waaruit blijkt dat hoe hoger je positie op je werk is, hoe groter de kans is dat je je partner bedriegt, ongeacht je geslacht. Juliana Breines geeft echter toe dat onderzoekers in andere studies hebben vastgesteld dat wanneer een man financieel afhankelijk is van zijn partner, hij eerder geneigd is vreemd te gaan.

Volgens Jeanna Bryner (wetenschapsjournalist) in haar artikel "Surviving Infidelity: What Wives Do When Men Cheat", is wat bijdraagt tot deze paradoxale bevindingen over ontrouw ook het feit dat de wortels van ontrouw verschillen tussen de geslachten: vrouwen zijn eerder ontrouw wanneer zij zich emotioneel verwaarloosd voelen door hun partner, terwijl mannen eerder ontrouw zijn omdat zij seksuele ervaringen bij zichzelf zoeken. Bijgevolg zijn mannen minder geneigd een seksueel ontrouwe vrouw te vergeven, terwijl vrouwen eerder geneigd zijn een onenightstand of een seksaffaire zonder emotioneel aspect te vergeven.

 ## WIST JE DAT?

Uit onderzoek blijkt dat seksuele ontrouw vaker door mannen wordt gepleegd, terwijl vrouwen vaker emotioneel ontrouw zijn, vaak uit algemene ontevredenheid over de relatie. Vrouwen vergeven seksuele ontrouw eerder dan emotionele ontrouw, terwijl mannen een vrouw die emotioneel ontrouw is geweest eerder vergeven dan seksuele ontrouw.

Om dit verschil te verklaren is een verband gelegd met eeuwenoude gedragingen, die wij genetisch zouden hebben overgeërfd. Vanaf het begin van de mensheid lijken mannen, vanuit hormonaal en seksueel oogpunt, "geprogrammeerd" te zijn om zich met een groot aantal partners voort te planten om hun nageslacht veilig te stellen, in tegenstelling tot vrouwen, wier lichaam gedurende een bepaalde periode voor het kind van één partner moet zorgen (dracht, borstvoeding). Bovendien zijn vrouwen dan afhankelijk van de hulp van hun partner: het zijn de mannen die het gezin van voedsel voorzien en het beschermen tegen mogelijke gevaren en zo een gunstig klimaat scheppen voor de ontwikkeling van kinderen.

Misschien is het in deze primitieve maatschappelijke organisatie dat een man seksuele ontrouw minder snel zal goedpraten: mannen willen de continuïteit van hun bloed (en niet die van een andere man) verzekeren. Vrouwen daarentegen zouden geneigd zijn de bescherming van hun partner te zoeken en zouden daarom minder geneigd zijn een partner te vergeven die elders emotioneel betrokken raakt.

Desondanks lijken bepaalde elementen vrij algemeen te worden erkend – in die zin dat zij niet specifiek zijn voor een bepaalde leeftijdscategorie of sociaal-culturele categorie – als factoren die de daad van ontrouw in de hand werken: algemene ontevredenheid binnen het stel, de behoefte om het stel op de proef te stellen of te breken, mogelijkheden, en tenslotte het bijzondere geval van seksuele verslaving. Wij zullen nu op elk van deze punten nader ingaan.

Algemene ontevredenheid binnen het koppel

Ontevredenheid in het koppel is een zeer belangrijke factor. Ze is op de een of andere manier betrokken bij alle in dit hoofdstuk beschreven categorieën.

Maar wat is ontevredenheid eigenlijk? Ontevredenheid is een breed begrip dat verschillende betekenissen kan hebben. Voor onze doeleinden zullen we zeggen dat algemene ontevredenheid vergelijkbaar is met het gevoel dat er iets ontbreekt in ons leven. Dit onzekere gevoel kan het gevolg zijn van persoonlijk leed (we zouden dan spreken van een persoon met een zekere narcistische kwetsbaarheid, die zichzelf voortdurend moet geruststellen) of het kan rechtstreeks verband houden met een relationele moeilijkheid die in het paar wordt ervaren. In beide gevallen wordt het gekenmerkt door het gevoel een leegte te moeten vullen.

Deze op te vullen leegte kan van verschillende aard zijn. Soms is het een algemeen gebrek aan zelfvertrouwen dat gewoon opgevuld moet worden. Ongeacht het gevormde paar, de welwillendheid of anderszins van de partner, zal de persoon die aan zo'n gebrek aan vertrouwen lijdt voortdurend proberen zichzelf ervan te overtuigen, zonder ooit te slagen, dat hij/zij kan behagen, door onvermoeibaar te proberen bewondering op te wekken, te verleiden.

Soms ontstaat deze leegte wanneer een van de partners zich niet langer gesteund, beluisterd of bemind voelt door de ander. Hij/zij zal dan eerder iemand opmerken die in hem/haar geïnteresseerd is, die gebaren vertoont die zijn/haar partner niet meer voor hem/haar heeft. Ook hier kan het feit dat men zich niet voldoende gesteund voelt door de ander, in sommige gevallen een echt gebrek aan steun in het paar zijn en in andere gevallen een meer persoonlijke kwetsbaarheid.

> *"Het was een paar jaar geleden, mijn partner had verschillende wekelijkse activiteiten buiten zijn werk, en ik voelde me verwaarloosd. Ik had erge gezondheidsproblemen, ik had mijn partner nodig, maar hij had zijn sport en zijn activiteiten met zijn vrienden nodig. Toen ontmoette ik M. via vrienden. M. en ik hadden twee maanden lang eer platonische relatie, een zeer intense relatie, maar op afstand (hij woonde 200 kilometer verderop). M. begreep me, we zaten op dezelfde golflengte, en hij gaf me wat mijn partner niet deed: steun en genegenheid".* (J., 37 jaar oud)

In andere gevallen houdt deze leegte verband met een gevoel van verveling, van "platheid" in het paar. Zo kan monotonie, ondanks het feit dat zij een geruststellende en veilige structuur vormt, het gevoel van liefde ernstig schaden door de partners te verzanden in een verveling en een vervreemdende voorspelbaarheid. Wanneer het huwelijksleven een gewoonte wordt, zoals elke dag tandenpoetsen, wanneer de relatie zijn vroegere fantasie heeft verloren, is het niet ongewoon dat één of beide partners de drang voelen om elders heen te gaan in plaats van te leven in nostalgie naar een relatie die niet meer is. Natuurlijk is het instellen van een dagelijkse routine tot op zekere hoogte onvermijdelijk; het geheim van duurzame paren ligt in de investering van elke partner om deze monotonie zo vaak mogelijk te doorbreken.

> *"[Over redenen voor ontrouw] Routine. Herhaalde afwezigheid van een van beide partners. Gebrek aan diepgaande en regelmatige communicatie. De ene partner maakt het leven van de andere moeilijk (door voortdurend te klagen, bijvoorbeeld). Verschillen in dagindeling. Verveling".*
> *(Lea, 25)*

Zoals je zal hebben begrepen, werkt een algemeen gevoel van ontevredenheid bijna permanent ontrouw in de hand. Dit geldt uiteraard zowel voor mannen als voor vrouwen, hoewel het erop lijkt dat vrouwen gevoeliger zijn voor dit criterium.

Ontrouw onder voorwendsel

Dr. Christophe Fauré (een Franse psychiater en psychotherapeut) bespreekt in zijn boek "Est-ce que tu m'aimes encore?" wat hij "pretextuele ontrouw" noemt. De ontrouwe persoon zou, door zijn daad te plegen, in dit precieze geval het impliciete doel hebben om met zijn of haar partner te breken of, op zijn minst, het koppel op de proef te stellen. Het doel van ontrouw is dus om de relatie te laten imploderen.

Er zijn vele redenen voor dergelijke acties. Ze kunnen geworteld zijn in een verlangen naar wraak (de partner is bedrogen en wil op zijn beurt bedriegen om de relatie weer in evenwicht te brengen), een verlangen om de kracht van de relatie te testen, of zelfs om de aandacht van zijn/haar partner terug te winnen, enz.

In sommige gevallen probeert de partner uit elkaar te gaan zonder een "betere" tactiek te vinden om aan de relatie te ontsnappen. Hij/zij geeft de voorkeur aan het radicale karakter van ontrouw, dat een duidelijk en gewelddadig excuus creëert om uit elkaar te gaan, in plaats van uitgebreid met zijn/haar partner te communiceren over zijn/haar wens om de relatie niet voort te zetten. Dit soort omzeiling van het probleem kan het gevolg zijn van een communicatieprobleem binnen het koppel, de angst om geen echt geldige reden te hebben om uit elkaar te gaan, de wens om elke discussie te vermijden om het koppel opnieuw een kans te geven, enz.

De mogelijkheid om ontrouw te zijn

Gelegenheid, d.w.z. het hebben van gelegenheden om ontrouw te zijn terwijl men van huis is, is een enigszins ander criterium dan de voorgaande, in die zin dat het niet daadwerkelijk de ontrouw veroorzaakt. Het is eerder een contextueel element dat de daad kan aanmoedigen als de persoon eraan denkt.

Dit kan bijvoorbeeld zijn: werken in het buitenland, regelmatig reizen naar conferenties, mensen ontmoeten die mogelijk seksueel en/of emotioneel interessant zijn. Bijvoorbeeld, iemand die vanuit huis werkt heeft statistisch gezien minder kans om nieuwe mensen te ontmoeten dan een journalist die vanuit het buitenland verslag uitbrengt of een zakenman die vliegt zoals sommige mensen hun hemd verwisselen. De risicofactor "kans" neemt dus toe in functie van de professionele – en uiteraard extra-professionele – ontmoetingen.

Dat je partner veel reist voor zijn werk en regelmatig meerdere ontmoetingen heeft, betekent natuurlijk niet dat hij/zij je zal bedriegen. Dit is geenszins een causaal karakter. De oorsprong, de aanleiding voor de ontrouwe daad wordt, zoals eerder besproken, geschraagd door een vorm van algemene ontevredenheid, die ofwel verband houdt met meer persoonlijk lijden ofwel met relatieproblemen in het koppel. Gelegenheid vergroot gewoon de kans dat iemand die ontevreden is met zijn relatie overspel pleegt, omdat hij daartoe gewoon meer mogelijkheden heeft.

Seksverslaving

Wij gaan nu over tot het meer specifieke geval van seksuele verslaving, een vorm van verslaving. In tegenstelling tot gelegenheid, die kan leiden tot verschillende vormen van overspel, richt seksuele verslaving zich uitsluitend op de dwangmatige en frequente behoefte om seks te hebben, te masturberen of pornografische video's te bekijken.

Deze frequente behoefte is zowel een oorzaak als een gevolg van seksuele ontevredenheid. De persoon die aan dit soort verslaving lijdt kan namelijk nooit volledig seksueel bevredigd worden, omdat het voor hem of haar onmogelijk is om seksuele verzadiging te bereiken, welke relatie hij of zij ook aangaat.

Als je partner deze ziekte heeft, moet je het niet persoonlijk opvatten: het is een onbedwingbare drang waar je moeilijk tegen kunt vechten. Er is eigenlijk niets wat je kunt doen om hem te helpen – behalve psychologische steun en zelfs dan nog is er geen zekerheid.

Seksuele verslaving wordt behandeld als drugs- en alcoholproblemen: het is een probleem dat door niemand anders dan de persoon zelf kan worden opgelost. Het vereist een enorme hoeveelheid werk aan zichzelf en een niet-aflatende wil om niet toe te geven aan een verleiding die altijd dwangmatig is. Een individuele psychologische follow-up is ook wenselijk voor de persoon die aan deze stoornis lijdt, om richting te geven aan zijn of haar herstel en een actiekader te hebben.

Steungroepen voor verslaafden zijn een interessante vorm van steun vanwege de manier waarop ze werken en de bagatellisering van de ervaring die ze vertegenwoordigen: de persoon heeft een forum dat zeer ontvankelijk is voor zijn of haar problemen, wat hem of haar meer kan aanmoedigen dan de mensen in zijn of haar omgeving – die de problemen die met een seksuele verslaving gepaard gaan niet fundamenteel op dezelfde manier kunnen "begrijpen" als andere mensen die rechtstreeks met het probleem te maken hebben.

ONTROUW OVERWINNEN, DE WEG NAAR HERSTEL VAN VERTROUWEN

Het ervaren van ontrouw in een relatie is vaak een pijnlijke emotionele ervaring voor beide partners, vooral wanneer de partners van elkaar blijven houden en hun leven willen delen.

Herstellen van ontrouw is een lang proces dat noodzakelijkerwijs gepaard gaat met het herstel van vertrouwen: vertrouwen in zichzelf als een individu dat gerespecteerd en bemind kan worden, vertrouwen in het idee dat een trouwe relatie nog steeds mogelijk is, hetzij met de partner die bedrogen heeft, hetzij in een nieuwe relatie. Ontrouw overwinnen kan dus vanuit twee invalshoeken: de eerste is meer persoonlijk en de tweede is gericht op het herstel van het vertrouwen in het paar. De bedrogene moet beide tegelijk doen.

Volgens Jeanna Bryner in "Surviving Infidelity: What Wives Do When Men Cheat" en Tammy Nelson (Amerikaans auteur en seksuoloog) met "Can I Get Over An Affair? The Three Phases of Recovery", doorloopt het slachtoffer van ontrouw drie klassieke fasen van "wederopbouw".

DE EMOTIONELE STORM

Het is zeker een van de moeilijkste fasen om door te maken. Emoties volgen elkaar op, heftig, tegenstrijdig en laten je geen respijt. Tranen, woede, verdriet lijken eindeloos, wanhoop en afkeer wisselen af met je gevoelens van tederheid en gehechtheid die je nog hebt ten opzichte van je partner. Het is heel moeilijk om uit deze wervelwind te komen, en het is beter om hem te accepteren: laat je emoties "stromen", accepteer te voelen wat je voelt.

Dr. Christophe Fauré (in "Est-ce que tu m'aimes encore?") merkt op dat de emotionele schok als gevolg van de onthulling van ontrouw psychologische gevolgen kan hebben die voor de bedrogen persoon moeilijk te verwerken zijn en soms leiden tot posttraumatisch stresssyndroom. Dit syndroom treedt op na een groot psychologisch trauma (in dit geval de schok van de ontdekking van de ontrouw) en wordt gekenmerkt door obsessies (herbeleving van de scènes waarin de ontrouw werd aangeleerd, beelden van de ontrouw die rondgaan), verhoogde angst (een permanente staat van stress, voortdurend alert zijn) en vermijdingsgedrag (het vermijden van dingen, plaatsen of mensen die aan de ontrouw kunnen herinneren).

Hoewel het normaal is om geschokt te zijn door dergelijk nieuws, zou de schok mettertijd moeten wegebben. Als dat niet gebeurt, moet men niet aarzelen om een therapeut te raadplegen om posttraumatische stress te behandelen, want als het zich na verloop van tijd nestelt, neemt het een potentieel pathologisch aspect aan met toenemende gevolgen voor de geestelijke gezondheid van de persoon.

Therapeute Tammy Nelson adviseert om zoveel mogelijk in gedachten te houden dat je nu weliswaar een heel moeilijke tijd doormaakt, maar dat dit een overgangsfase is die uiteindelijk voorbij zal gaan. Ze voegt eraan toe dat deze periode eigenlijk een rouwperiode is. Het gaat om het rouwen om de visie die je had op je relatie en alles wat deze visie inhoudt in termen van mentale beelden en verwachtingen uit het verleden (bv. je stelde je een vertrouwensvolle, gelukkige relatie voor, je dacht niet dat je partner een dubbelleven kon hebben met iemand anders, enz.). Zoals alle rouw, zal dit tijd kosten. Jullie relatie verandert: ze is niet en zal nooit meer dezelfde zijn als voorheen. En dat is goed, want het was de vroegere situatie die de ontrouw in de hand werkte.

Dr. Fauré raadt aan te aanvaarden dat beide partners veranderingen moeten doorvoeren, als zij elkaar een kans willen geven.

 ## TE VERMIJDEN

Overhaast niets. Geef jezelf de tijd om de storm in je te kalmeren. Doe dingen die je plezier geven, die je wat ruimte geven. Het beoefenen van een sport als yoga kan interessant zijn om emoties te kanaliseren door het aanleren van ontspanningsademhaling. Haal diep adem, probeer je hoofd leeg te maken als alles hectisch is, bijvoorbeeld door ontspanning, sport of creatieve activiteiten te beoefenen.

Terwijl je je in deze fase bevindt, moet je geen belangrijke beslissingen nemen – ook niet of je definitief vertrekt of definitief blijft. Laat je hoofd afkoelen voordat je beslist. Volgens Robert Weiss (Amerikaans auteur en sekstherapeut) is de gouden regel om in de eerste zes maanden van het proces geen grote veranderingen door te voeren.

DE ZOEKTOCHT NAAR BETEKENIS

Wanneer de emotionele storm is bedaard, wanneer een fase van stabilisatie van de emoties is bereikt, is het een goed moment om met de reflectiefase te beginnen.

Deze fase kan heel lang duren – verschillende maanden – terwijl je probeert de ins en outs van de ontrouw te begrijpen. Het is een werk van deconstructie van de ontrouw met als doel je later persoonlijk weer op te bouwen.

Waarom ontrouw? Afgezien van seksuele verslavingen, die door hun aard een "uitzondering" vormen, blijkt dat ontrouw vaak voortkomt uit een gebrek, een disfunctie in het paar, een ontevredenheid. Het is omdat de partner op zoek is naar iets dat hij/zij niet meer kan vinden binnen het koppel dat hij/zij actie onderneemt. De persoon voor wie hij/zij valt is vaak slechts een compensatie die op het juiste moment valt. De sleutel tot genezing ligt in het slot van het begrip; men moet begrijpen wat de ander ertoe bracht te handelen zoals hij/zij deed.

Hoe begrijp je ontrouw? Je moet de beginsituatie kunnen identificeren, vóór de ontwrichtende ontrouw. Wat was de dynamiek in jullie relatie? Had je het gevoel dat één van jullie alles besliste en de ander volgde? Waren jullie het vaak eens of oneens over alledaagse dingen? Had een van jullie een wrok tegen de ander? Voelde een van jullie zich verwaarloosd door de ander?

> *"Ik gaf mezelf de tijd om de schuld op me te nemen, ik ontmoette de andere jongen, probeerde het te begrijpen, hoorde de verschillende versies, liet zien hoezeer ik gekwetst was, praatte veel. (Erwan, 30 jaar oud)*

Hoe weet je wanneer je een voldoende niveau van begrip hebt bereikt? Volgens Tammy Nelson is dit wanneer partners de verantwoordelijkheid kunnen delen voor wat er vóór de ontrouw is gebeurd, d.w.z. wat ertoe heeft bijgedragen. Op die manier wordt het proces een gedeelde ervaring tussen de partners, niet twee individuele ervaringen bij elkaar opgeteld.

Bijvoorbeeld, in het geval van een partner die zijn/haar echtgenoot bedriegt omdat hij/zij zich verwaarloosd voelt, afgezien van het aanvankelijke gebrek aan communicatie over zijn/haar behoeften, kon hij/zij misschien niet echt optimaal communiceren omdat zijn/haar partner een moeilijke fase in zijn/haar werk doormaakte, waarin hij/zij te emotioneel betrokken was en de partner daardoor niet goed in staat was te luisteren en te handelen naar de verwachtingen van de ander.

Tijdens deze periode van bezinning is het raadzaam om als koppel te blijven uitgaan. Hoewel het natuurlijk ongemakkelijk is om samen te zijn, is het het beste om dingen te doen met andere vrienden en familieleden die idealiter niet op de hoogte zijn van het overspel, zodat zij zich niet bevooroordeeld opstellen tegenover jou en je partner. Naar de bioscoop gaan, restaurants, etentjes met vrienden, gezelschapsspelletjes, buiten- of binnenactiviteiten, alles is goed om samen te komen en weer medeplichtigheid met je partner te leren creëren.

TIPS

Wat activiteiten voor twee betreft, kan je kiezen voor uitjes die in het begin van de relatie goed werkten. Volgens Dr. Fauré bevordert dit een positieve dynamiek door het oproepen en herinneren van de goede tijden die we samen hebben doorgebracht... En dit creëert andere ideeën. Wat deed je met je partner op je eerste afspraakjes?

Deze fase van bezinning is ook een gelegenheid om je te concentreren op jezelf als individu. Profiteer van deze periode van zoeken naar betekenis om te zorgen voor de belangrijkste persoon in je leven: jezelf! Gun jezelf kleine pleziertjes. Neem eens per dag tijd voor jezelf, om geestelijk en lichamelijk voor jezelf te zorgen. Doe een (sportieve, culturele of andere) activiteit die je altijd al – of sinds enige tijd – hebt willen doen. Probeer terug te keren naar de basis: wat is echt belangrijk voor je?

Als je jezelf weer opbouwt, onthoud dan altijd dat je een interessant persoon bent en dat het feit dat je partner zich van je heeft afgekeerd niet betekent dat je het niet waard bent. Je bent het waard! Het is zelfs zeer waarschijnlijk dat je partner dit weet en zich schuldig voelt omdat hij of zij je pijn heeft gedaan.

Om te genezen moet je jezelf vinden (in wat je liefhebt, in wat je doet) en leren van jezelf te houden zoals je bent – wat zeker het moeilijkste is, want de ontrouw van je partner heeft je ongetwijfeld aan je eigen kwaliteiten doen twijfelen, zowel psychologisch als fysiek. Door opnieuw plezier en voldoening in je leven te scheppen, zal je dit geleidelijk bereiken.

DE BESLISSING: VERTREKKEN OF BLIJVEN?

Nu je een meer globale visie hebt op je situatie, ben je in de juiste omstandigheden om een beslissing te nemen over je gevoelsmatige toekomst. Alleen jij kan afspreken wat voor jou het beste is. Blijven of vertrekken? Niemand kan voor jou kiezen!

Voordat je beslist, is het belangrijk dat je de tijd neemt om je bewust te worden van de gevolgen van het bij je partner blijven en het verlaten van je partner. We zullen je nu meenemen door dit proces van bewustwording.

NA DE ONTROUW

ALS JE BIJ JE PARTNER BLIJFT

Blijven is de fout van je partner accepteren, hem of haar vergeven en werken aan het herstellen van het vertrouwen. Of je vergeeft hangt uitsluitend af van je emotionele ontwikkeling ten opzichte van de situatie. Het kan dus enige tijd duren: tijd om woede, verdriet en wrok te verwerken. Forceer jezelf niet.

Vergeving is een subjectief begrip: terwijl sommigen het zien als het werkelijk achterlaten van alle wrok en het vergeten van alles wat er gebeurd is, zullen anderen het meer zien als de daad van het loslaten van de woede – zonder de feiten te vergeten. De sleutel tot vergeving is de daden van de persoon te begrijpen, je te kunnen verplaatsen in de persoon (je in te leven), woede en wrok los te laten en opnieuw te beginnen. Het belangrijkste is dat je jezelf beschermt tegen de schadelijke effecten van woede en wrok op de lange termijn; je wil niet dat wrok je de rest van je leven van binnen opeet.

Ook je partner heeft een rol te spelen in het vergevingsproces dat je doormaakt. Het is door zijn/haar optreden tegenover jou dat je je vertrouwen in de relatie kunt herstellen of niet. Volgens Dr. Christophe Fauré kan je partner je helpen het verloren vertrouwen te herstellen door betrouwbaar te zijn en zijn/haar verplichtingen na te komen, door je te steunen in moeilijke momenten, door transparantie te aanvaarden door zijn/haar e-mails en berichten te laten zien en door vragen over zijn/haar agenda of vergaderingen te beantwoorden.

Een betrouwbare partner is iemand die zich aan zijn beloften houdt, die zegt "ik kom om deze tijd thuis van mijn werk" en dat ook echt doet. Deze kleine dagelijkse toezeggingen zullen de relatie weer opbouwen, omdat ze laten zien dat je partner iemand is die je (weer) kunt vertrouwen, dat je veilig bent bij hem/haar, dat hij/zij jullie relatie laat prevaleren.

Anderzijds, hoewel het natuurlijk is dat je de drang voelt, zal het "bespioneren" van je partner niet helpen om het vertrouwen te herstellen. Als je partner het gevoel heeft dat je geen vertrouwen in hem/haar hebt, kan dat ook zijn/haar eigen vermogen om jou te vertrouwen schaden. Als je besluit je relatie een tweede kans te geven, moet je dat van harte doen en je afwenden van de wantrouwende reflexen die hoogstwaarschijnlijk op je afkomen. Niet paranoïde worden.

Het is ook belangrijk geen wrok jegens je partner te koesteren, het vuur van de woede niet aan te wakkeren, want dat is veel te pijnlijk en destructief voor beide partners. Dit is de bevrijdende kracht van vergeving op de lange termijn. Natuurlijk zal het niet gemakkelijk zijn. Maak je dus geen zorgen als je gevoelens in het begin gemengd blijven, je moet dit pad in je eigen tempo bewandelen, rekening houdend met je evolutie.

Zoals je zal hebben begrepen, is in dit stadium het essentiële element voor het herstel van vertrouwen uiteraard de wil om samen opnieuw op te bouwen. De weg naar de wederopbouw is lang en hachelijk en om die weg te gaan heb je een onwrikbare wil nodig, want het zal onvermijdelijk perioden van wanorde brengen, aan beide zijden van het paar. Dit betekent dat je als bedrogen persoon voorbij de pijnlijke tegenstrijdige gevoelens (tussen haat en liefde, tussen hoop en wanhoop, tussen het verlangen naar wraak en het verlangen om verder te gaan) moet zien te komen om verder te kunnen. En de enige manier om voorbij de dubbelzinnigheden te komen is om onderweg vastberaden te blijven.

Voor de vreemdgaande partner geldt dit alles evenzeer, ook al zijn de tegenstrijdige gevoelens van een andere aard (tussen schuld en de behoefte zichzelf te vergeven, tussen de frustratie van het stoppen van de buitenechtelijke relatie en het verlangen de relatie te hervatten, tussen de eigen twijfels over het paar en de nieuwe zekerheden die men wil brengen). Beide partners moeten de moeilijkheden echt achter zich willen laten en bereidwillig samenwerken om hun relatie weer op te bouwen.

 ## HOE KUNNEN WE EFFECTIEF SAMENWERKEN IN DIT WEDEROPBOUWPROCES?

Voor degene die bedrogen is:

* Aanvaard de verontschuldigingen en/of het berouw van je partner wanneer die ze aanbiedt (dit betekent

niet vergeven, maar aanvaarden dat de ander spijt heeft).

- Probeer, voor zover mogelijk, vragen over ontrouw in één of twee grote "flarden" te stellen, zonder daarna herhaaldelijk op het onderwerp terug te komen.

- Werk in jezelf om je partner te vergeven, zonder een deadline te stellen, door het psychologische proces van vergeving toe te laten.

- Uit woede op een niet-destructieve manier en zorg ervoor, ondanks moeilijke gevoelens, dat er een vreedzame sfeer heerst.

- Voorkom dat je partner zich schuldig voelt of regelmatig de schuld krijgt van ontrouw.

- Werk aan het identificeren van wat de ontrouw heeft aangemoedigd vanuit een gedragspunt, vanuit de dynamiek van het koppel.

- Geef de ander een kans.

- Voor de persoon die bedroog:

- Breek definitief met de derde partij.

- Heb geduld en accepteer dat je partner niet snel kan vergeven.

- Beantwoord de vragen van je partner over ontrouw wanneer hij/zij die stelt.

- Werk, alleen of samen, in individuele of relatie-therapie, aan het identificeren van wat heeft

> bijgedragen aan de ontrouw – vanuit gedragsoog-
> punt en de dynamiek van het koppel.
>
> • Aanvaard redelijke compromissen van je partner.
>
> • Win de achting van je partner terug door kleine
>   gebaren en kleine attenties om hen te laten zien
>   hoe belangrijk ze voor je zijn.

Als je met je partner bent doorgegaan, is dat omdat er in je relatie meer te redden viel dan weg te gooien. Om op lange termijn opnieuw te beginnen, moet je nu een doeltreffende communicatie tussen de partners tot stand brengen. Geweldloze communicatie is altijd wenselijk, maar je moet ook kunnen praten over je gevoelens en behoeften. Als je problemen hebt, zelfs kleine (bv. vergeten het huishouden te doen), praat er dan rustig over. Als je niet openlijk over details kunt communiceren, zal je ook niet over belangrijkere dingen kunnen praten!

 ## ENKELE COMMUNICATIEBEGINSELEN

Communiceren lijkt op het eerste gezicht een natuurlijke en gemakkelijke handeling. Dit is echter niet het geval. Tussen wat wij willen overbrengen, wat wij ondanks onszelf overbrengen en wat de ander begrijpt, gaapt soms een kloof. Dr. Christophe Fauré, in zijn boek "Est-ce que tu m'aimes encore?", herinnert ons eraan dat het de voorkeur verdient de volgende communicatieprincipes te volgen:

- Bedenk dat de ander onze diepe gevoelens en emoties niet kan raden. Wij moeten deze aan de ander kunnen uitleggen, zodat die onze situatie kan begrijpen.

- Als we het over onze persoonlijke gevoelens hebben, gebruiken we de eerste persoon enkelvoud ("ik"), omdat het gebruik van "jij" een veroordelend effect kan hebben dat ongewenst is.

- Herformuleer wat de ander zegt in een poging het te begrijpen. Als we niet begrijpen wat de ander zegt, is communicatie onmogelijk.

Seks is ook een goed middel om weer contact te maken. Het kan bevrijding zijn, tederheid, en het kan echt een moment van intieme verbondenheid creëren. Dit betekent niet dat je jezelf moet dwingen om seks te hebben, maar seks of intimiteit kan ook bestaan uit aaien of masseren, kussen op de geslachtsdelen, sensualiteit (striptease, lingerie). Zich opnieuw seksueel met elkaar verbinden is een vitaal proces voor de duurzaamheid van de relatie.

ALS JE JE PARTNER VERLAAT

Een hartverscheurende beslissing

Het beëindigen van een emotionele relatie waarin je veel hebt geïnvesteerd is vaak uiterst pijnlijk, soms tot het punt dat het de breuk belemmert. Onthoud echter dat vertrekken de meest geschikte keuze is:

- als je het gewicht van het overspel zo sterk voelt dat je er niet overheen komt en het elk toekomstperspectief voor het paar verhindert;

- als de partner de overspelige relatie niet heeft opgegeven ondanks dat je duidelijk hebt gemaakt dat dit voor jou niet aanvaardbaar is;

- als de partner niet aan zichzelf wil werken. De weigering om na te denken over wat er is gebeurd, belemmert namelijk het hele proces van herstel van vertrouwen dat we zojuist hebben besproken.

> *"Helaas bleef ik bij [mijn partner], de slechtste oplossing. [...] Het vertrouwen was vanaf dat moment vernietigd en dat is iets wat je niet meer kunt opbouwen. Hij bedroog me ook nog vele malen voordat ik eindelijk de kracht vond om hem voorgoed te verlaten en alle contact te verbreken. (Erwan, 30 jaar oud)*

Soms is de relatie gedoemd te mislukken omdat de partners niet meer echt van elkaar houden, geen waarden of doelen meer delen en elkaar verwaarlozen. Uiteindelijk was het overspel slechts een symptoom van een relatie die langzaam doodging.

> *"Wat me hielp om te herstellen van die giftige relatie was mijn werk, in het begin bleef ik plannen maken, ik moest vermijden om na te denken. Ik heb drie jaar lang geen serieuze relatie gehad, niet omdat ik drie jaar wilde wachten, maar omdat ik wegliep van vrouwen tot wie ik*

me echt aangetrokken voelde. Ik zag alleen af en toe een seksvriend. Ik ging naar een paar sessies met een psycholoog, maar ik was te geblokkeerd om erover te praten.

Eigenlijk, wat mij hielp, het is raar, maar het was mijn ex tegenkomen met haar nieuwe man. Ze was zo beschaamd toen ze me zag, zo beschaamd, dat ik me toen pas echt realiseerde dat ze waarschijnlijk nog steeds rondsliep en dat haar vriend waarschijnlijk niet wist wat ze deed. [En ik realiseerde me ook dat zij degene was met het echte probleem, niet ik.

Ik ben bijna drie jaar samen met een meisje, we zijn een jaar geleden gaan samenwonen. Ik heb nooit haar mobiel of haar e-mails of wat dan ook doorgenomen, ik vertrouw haar, ook al moest ik in het begin een beetje worstelen vanwege mijn ex. Ik vertrouw hem omdat we veel praten, openlijk, het is een echte verandering ten opzichte van mijn ex. (Jeremy, 32 jaar oud)

 # TEST

Vragen die je jezelf moet stellen als je besluit om te blijven of niet. Hoe meer "ja" stemmen, hoe beter de situatie om te blijven.

Heeft mijn partner zijn/haar overspelige relatie afgezworen?

Denk ik dat ik mijn partner weer kan vertrouwen?

Begin ik hem of haar eigenlijk weer te vertrouwen?

Heb ik overspel achter me gelaten?

Heb ik mijn partner vergeven?

Heeft mijn partner mij door zijn/haar daden laten zien dat hij/zij om mij gaf en dat hij/zij echt een relatie met mij wilde opbouwen?

Zie ik een toekomst met mijn partner?

Investeren in een nieuwe relatie

Wij adviseren je niet toe te geven aan een ander bij de eerste hartslag, om de rouw van je relatie in zijn eigen tijd te laten plaatsvinden.

Maar hoe weet je of de rouw van een relatie voorbij is? Je kunt ervan uitgaan dat je hersteld bent van de beproeving wanneer het oproepen van gelukkige herinneringen je niet langer pijn doet, wanneer je niet langer de geringste hoop hebt om opnieuw met de ander te beginnen en wanneer je niet langer alle details van een nieuwe relatie vergelijkt met de oude. Geen gemakkelijke taak! En laten we niet vergeten dat de periode van rouw (of latentie) tussen twee relaties cruciaal is: het gaat erom je opnieuw op jezelf te richten, te begrijpen wat er mis ging in de dynamiek van de relatie om te voorkomen dat je later dezelfde fouten maakt.

De reden waarom deze kwestie van rouw om de voorbije relatie zo belangrijk is, is dat je een vertrouwensrelatie kunt hebben met een nieuwe persoon, die het waard is om bemind te worden omwille van zichzelf, en niet als een "overgangsfase" van de oude relatie. Aan de andere kant verdien jij het ook om van deze nieuwe relatie te genieten zonder achtervolgd te worden door de geest van de oude.

> *"Toen ik de ontrouw van mijn ex-man ontdekte, stortte mijn wereld in. [...] Misschien was ik te impulsief, ik vroeg hem nog dezelfde dag te vertrekken, en me een maand de tijd te geven om het huis te verlaten, de tijd om een appartement te vinden [...]. Ik weigerde te praten. Ik wilde zijn excuses niet horen, de andere vrouw niet zien – zelfs twee jaar later probeer ik haar niet te zien als ik onze zoon ga ophalen.*
>
> *Ik heb geen spijt van de scheiding, het was erg moeilijk, echt, maar het was voor het beste. Ik betreur de manier waarop de breuk is gebeurd, mijn zoon begreep de situatie niet omdat mijn reactie emotioneel was. (M. , 32)*

EEN RUIMTE VOOR DISCUSSIE CREËREN

Ontrouw is een echte storm die alles op zijn weg wegvaagt: zelfvertrouwen, vertrouwen in de ander, zekerheden over het paar, visie op de toekomst. Het laat een chaos achter die gereorganiseerd moet worden tot iets levensvatbaars.

Steun van familie en vrienden

Wanneer we ons in delicate situaties bevinden (in de context van een ontrouw, die de zekerheden die we hadden over onze relatie, over de toekomst, aan het wankelen brengt), zijn we geneigd naar vertrouwde mensen zoals onze familie en vrienden te gaan om over onze problemen te praten. Dit is heel natuurlijk en het is duidelijk dat dit een zeer belangrijke steun is in moeilijke tijden.

Maar als zij erin slagen ons te ontlasten door te luisteren en beschikbaar te zijn, kan het gebeuren dat zij ook onze perceptie van de dingen beïnvloeden en niet altijd op een constructieve manier. Dit gebeurt wanneer zij, sterk emotioneel betrokken bij ons, situaties kunnen beoordelen en acties aanmoedigen door ons naar oplossingen te leiden die beïnvloed worden door hun subjectieve perceptie van de situatie. In zeer emotioneel verwarde momenten kunnen ze ons zelfs, vaak onbewust, in richtingen leiden die niet bij ons passen en waar we later spijt van kunnen krijgen.

Bovendien kan het vertellen over de nasleep van de ontrouw ernstige gevolgen hebben op lange termijn: als je bij je partner blijft, zullen je vrienden of familie jouw soms boze en overdreven bekentenissen niet vergeten zijn. Benader discussies met familie en vrienden daarom met grote voorzichtigheid, om later geen spijt te krijgen. Praat in het algemeen alleen met een paar mensen die je volledig vertrouwt en die niet geneigd zijn te oordelen.

De therapie

De grote vraag is natuurlijk die van de therapie – individuele of relatietherapie. Hoewel het niet voor iedereen een onmisbaar hulpmiddel is – niet iedereen heeft het misschien nodig – moet je je ervan bewust zijn dat deze aanpak je de ruimte geeft om te spreken en jezelf te uiten, zonder oordeel.

De therapeut is er niet om je te vertellen wat je moet doen; hij of zij is er om naar je te luisteren en je te helpen werken aan je perceptie van de dingen. Het grote voordeel van zo'n ruimte is dat je kunt werken aan het disfunctionele gedrag dat de dynamiek van het stel verstoort. De therapeut zal je helpen de – vaak repetitieve en natuurlijk onbewuste – problematische patronen te identificeren die hebben geleid tot de situatie die tot het overspel heeft geleid.

Het doel is te werken aan jullie gedragingen, jullie percepties, individueel en/of als koppel, om op een meer harmonieuze manier te communiceren – zij het op een algemene manier of meer specifiek in termen van behoeften, verlangens, conflictbeheersing, enz. Zo wordt in relatietherapie soms aan elke partner gevraagd de positie van de ander te spelen om diens standpunt in "praktische" situaties van het dagelijks leven te begrijpen.

In een therapeutisch proces kan je werken aan je emoties en waarnemingen. Wanneer je lijden zeer intens blijft, kan dit de beste hulp zijn die je jezelf kunt bieden. Wees er echter van bewust dat volledig herstellen van ontrouw een lang proces is en tijd kost, zelfs met behulp van therapie.

FAQ

IS HET MIJN SCHULD DAT MIJN PARTNER ONTROUW WAS?

Nee, het is niet jouw schuld. Hoewel ontrouw vaak geworteld is in een gevoeld gemis van de relatie, betekent dit niet dat jij schuldig bent. Afgezien van seksverslaving, wat een heel speciaal geval is, heeft je partner je bedrogen omdat hij/zij de leemte heeft willen opvullen, in plaats van met jou over het probleem te communiceren. Vaak is het relationele ongemak onbewust en fungeert de daad van overspel als een indicator van dit ongemak.

MOET IK MIJN PARTNER VRAGEN MIJ METEEN TE VERTELLEN OVER DE OMSTANDIGHEDEN VAN DE ONTROUW?

Het hangt volledig af van je persoonlijkheid, je gevoeligheid. In het algemeen is het beter om eerst de grote lijnen van het verhaal te kennen. Zodra de emotionele storm is gaan liggen, de zaken tot rust zijn gekomen en jij klaar bent om met je partner te communiceren, vraag hem/haar dan wat je wil weten. Maar vergeet niet dat het kennen van alle details voor sommige mensen absoluut destructief kan zijn (bv. als het leidt tot een ongezonde vergelijking van je persoonlijke imago), terwijl het voor anderen hun geest opruimt van alle zaken die ze herhalen (en ze daarna gemakkelijker verder kunnen).

Denk je dat je kunt omgaan met wat je gaat horen? Vraag jezelf af waarom je het wil weten. Wees je ervan bewust dat het in alle gevallen beter is om een eenmalige uitpakbeurt te plannen waarbij je je emoties zoveel mogelijk bedwingt om alle vragen te stellen die je wil stellen, in plaats van er herhaaldelijk op terug te komen en steeds meer details te vragen. Dat laatste kan alleen maar pijnlijk zijn voor jullie beiden. Voor jou, omdat het als een mes in een wond zal zijn, en voor je partner, omdat het moeilijk kan worden om mee te leven wat betreft zijn schuldgevoel, en ook voor de rouw om zijn overspelige relatie.

Wat als je partner je weigert te antwoorden? Als je partner emotioneel is en niet kan spreken omdat hij/zij in de war is, zal je geduld moeten hebben. Vraag hem/haar om je de komende dagen te antwoorden, geef hem/haar de tijd om zijn/haar gedachten te ordenen, om na te denken over hoe hij/zij de dingen aan jou zal voorstellen. In een opwelling kan iemand zijn gevoelens volledig onrealistisch beschrijven.

HEEFT MIJN PARTNER GEEN SEKSUEEL VERSLAVINGSPROBLEEM?

Als je partner elke dag de behoefte toont om seks te hebben, te masturberen of dwangmatig pornografische video's te bekijken, lijdt hij/zij waarschijnlijk aan seksuele verslaving. Jij kan hier niets aan doen, behalve hem/haar aanmoedigen hulp te zoeken bij een therapeut.

Toch moet je partner echt iets aan zijn/haar probleem willen doen om een behandeling effectief te laten zijn;

net als alcoholisme is seksverslaving lastig te behandelen. Je moet ook beseffen dat je partner voortdurend seksuele behoeften heeft en als je ermee instemt om bij hem/haar te blijven, moet je terugvallen verwachten, d.w.z. dat je partner je weer bedriegt (en dat is natuurlijk niet jouw schuld).

WAT KUNNEN IK EN MIJN ONTROUWE PARTNER CONCREET DOEN OM ONZE RELATIE WEER OP TE BOUWEN?

Aan de kant van je partner gaat het om het opgeven van de andere relatie. Een zuivere breuk met de andere persoon is gewenst. Hoe eerder dit gedaan is, hoe eerder jullie kunnen beginnen met het opbouwen van jullie relatie. Je partner zal ook jouw vertrouwen moeten herwinnen door betrouwbaar te zijn tegenover jou en door met kleine (of zelfs grote!) gebaren zijn of haar gehechtheid te tonen.

Van jouw kant moet je loslaten: het duurt zo lang als nodig is, maar zolang je niet volledig verder kunt (proberen) te gaan, zal de wederopbouw moeilijk zijn.

IK BEN ZO BOOS OVER DE ONTROUW VAN MIJN PARTNER DAT IK TOEGANG WIL TOT ZIJN OF HAAR MOBIELE TELEFOON, E-MAILS EN SOCIALE NETWERKSITES, IS DIT REDELIJK?

Een koppel kan niet heropgebouwd worden zonder wederzijds vertrouwen. Wij adviseren je om je partner wat privacy te geven, een geheime tuin, ondanks het overspel. Hij/zij zal zich vergeven voelen en weer vertrouwen in je hebben: een goede basis om jullie relatie opnieuw op te starten!

Maar als je partner zijn/haar mobiele telefoon verbergt, zijn/haar computergeschiedenis vaak wist of zich mysterieus gedraagt met betrekking tot deze technologische middelen, vraag hem/haar dan om uit te leggen waarom en aarzel niet om hem/haar ermee te confronteren om erachter te komen of hij/zij vreemdgaat.

HOE WEET IK OF IK MIJN PARTNER MOET VERLATEN OF BIJ HEM/HAAR MOET BLIJVEN?

Deze vraag komt later in je emotionele reis aan de orde. Deskundigen adviseren ten minste zes maanden te wachten met het nemen van een belangrijke beslissing, om situaties te voorkomen waar je spijt van kunt krijgen. Het punt van wachten en werken aan jezelf is dat je de disfunctionele mechanismen kunt identificeren die hebben geleid tot een situatie die ontrouw in de hand werkte – en zelfs als je je partner later verlaat, heb je tenminste iets geleerd over je functioneren en de dynamiek van je relatie.

MOETEN WE ER MET KINDEREN OVER PRATEN, EN HOE?

Nee, je hoeft je kinderen niet te vertellen over de ontrouw. Natuurlijk zullen zij begrijpen dat er iets belangrijks en ernstigs is gebeurd, maar zij hoeven niet per se de ins en outs van het geschil of de scheiding te kennen. Wij adviseren je het hen niet te vertellen, maar hun eventuele vragen te beantwoorden. Natuurlijk is het beter om met je partner af te spreken wat wel en niet gezegd kan worden en op welke manier.

Dit lijkt misschien een extreem standpunt, maar het is belangrijk je kinderen emotioneel te beschermen. Zo kunnen verhitte discussies tussen partners het beste worden gevoerd wanneer de kinderen niet aanwezig zijn en zij mogen nooit betrokken worden bij ruzies en wrok. Jullie kinderen zijn geen koppel en ze mogen niets weten over jullie leven als koppel, behalve vanuit een familieperspectief.

OM VERDER TE GAAN

BIBLIOGRAFISCHE BRONNEN

BAHR (Anna), "Infidelity Linked to 'Sexual Personality': University of Guelph Study", in *huffingtonpost.com*, 8 maart 2011, geraadpleegd op 14 april 2017. http://www.huffingtonpost.com/2011/08/03/sexual-infidelity-dependent-on-personality_n_913800.html

BOUTON (Eloïse), "Kan polyamorie echt werken?", in *lesinrocks.com*, 11 februari 2017, geraadpleegd op 10 april 2017. http://www.lesinrocks.com/2017/02/11/actualite/polyamour-vraiment-marcher-11912074/

BREINES (Juliana), "How Likely Is Your Partner to Cheat?", in *psychologytoday.com*, 30 maart 2014, geraadpleegd op 4 april 2017. https://www.psychologytoday.com/blog/in-love-and-war/201403/how-likely-is-your-partner-cheat

BRYNER (Jeanna), "Surviving Infidelity: What Wives Do When Men Cheat", in *livescience.com*, 13 maart 2008, geraadpleegd op 4 april 2017. http://www.livescience.com/4859-surviving-infidelity-wives-men-cheat.html

CAMPBELL (Debra), "Can Your Relationship Survive Infidelity?", in *huffingtonpost.com*, 20 december 2016, geraadpleegd 4 april 2017. http://www.huffingtonpost.com/debra-campbelltunks/can-your-relationship-sur_1_b_13734046.html

FAURÉ (Christian), *Est-ce que tu m'aimes encore?* Parijs, Albin Michel, 2013.

GOLDEN (Beverley), "Is monogamie natuurlijk voor mensen?", in *huffingtonpost.com*, 1 juni 2011, geraadpleegd op

12 april 2017. http://www.huffingtonpost.com/beverley-golden/is-monogamy-natural_b_867760.html

NELSON (Tammy), "Can I Get Over An Affair? The Three Phases of Recovery," in *huffingtonpost.com*, 23 maart 2013, geraadpleegd op 4 april 2017. http://www.huffingtonpost.com/tammy-nelson-phd/can-i-get-over-an-affair-_b_2911106.html

PARKER-POPEOCT (Tara), 'Love, Sex and the Changing Landscape of Infidelity', in *nytimes.com*, 28 oktober 2008, geraadpleegd op 12 april 2017. http://www.nytimes.com/2008/10/28/health/28iht-28well.17304096.html

WEINER-DAVIS (Michele), "10 Things You Must Know About Infidelity and Cheating," *huffingtonpost.com*, 12 mei 2015, geraadpleegd op 4 april 2017. http://www.huffingtonpost.com/michele-weinerdavis/10-things-you-must-know-a_b_7247708.html

WEISS (Robert), "Omgaan met de ontrouw van je partner? 6 Do's en Don'ts," in *psychologytoday.com*, 9 juli 2014, geraadpleegd op 4 april 2017. https://www.psychologytoday.com/blog/love-and-sex-in-the-digital-age/201407/dealing-your-partners-infidelity-6-dos-and-donts

WONG (Brittany), "If You've Just Been Cheated On, Here's What To Do Next," in *huffingtonpost.com*, 8 maart 2016, geraadpleegd op 4 april 2017. http://www.huffingtonpost.com/entry/what-to-do-after-being-cheated-on_us_56df2e3ee4b0ffe6f8eb281c

WONG (Brittany), "Ik heb net ontdekt dat ik bedrogen ben. Now What Do I Do?", in *huffingtonpost.com*, 10 september 2015, geraadpleegd op 4 april 2017. http://www.huffingtonpost.com/entry/i-just-discovered-i-was-cheated-on-now-what-do-i-do_us_55f09e33e4b093be51bd6a2d

ZIMMER (Carl), 'Monogamy and Human Evolution', in *nytimes.com*, 2 augustus 2013, geraadpleegd op 14 april 2017. http://www.nytimes.com/2013/08/02/science/monogamys-boost-to-human-evolution.html

We horen graag van u! Laat
een reactie achter op jouw online bibliotheek
en deel je favoriete boeken op social media!

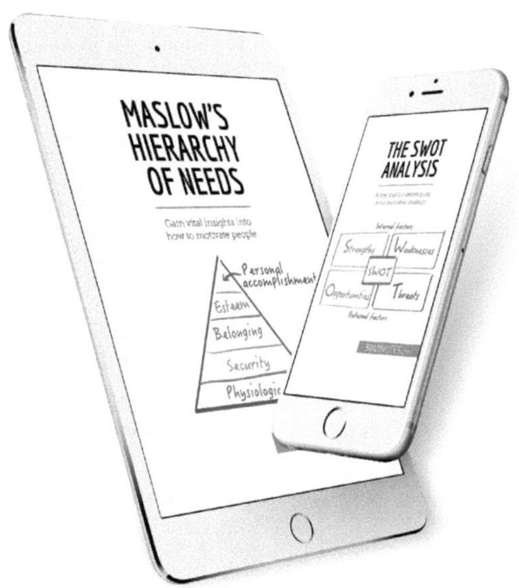

IMPROVE YOUR GENERAL KNOWLEDGE
IN THE BLINK OF AN EYE!

De uitgever garandeert de betrouwbaarheid van de gepubliceerde informatie, die echter niet onder zijn verantwoordelijkheid valt.

Master ISBN: 9782808604628
Papier ISBN: 9782808605830
Wettelijk depot: D/2023/12603/10

Digitaal ontwerp: Primento,
de digitale partner van uitgevers.